AF554644

LE BANQUET des Gravanches

par Jean BLOCARD

dit Le Frangin

Récit authentique

et Illustré

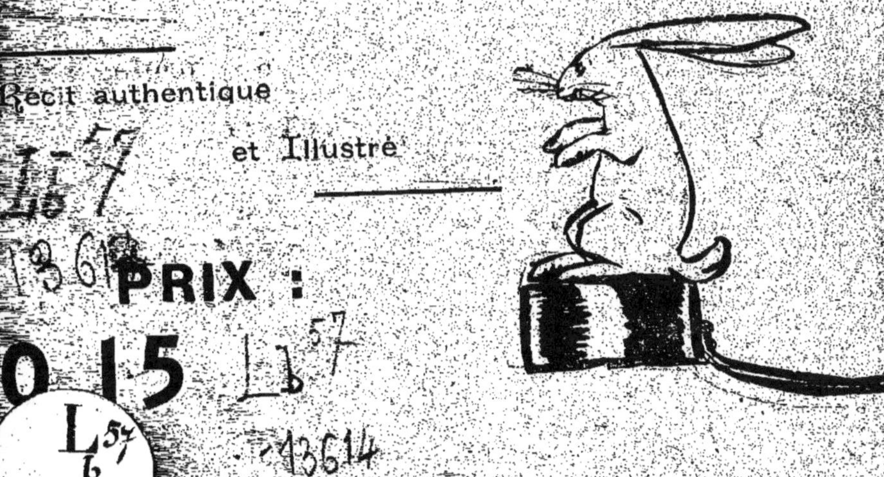

PRIX : 0 15

En route pour
les Gravanches

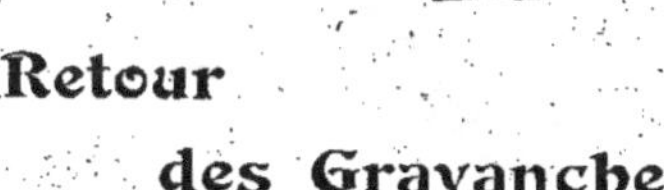

Retour
des Gravanches

LE BANQUET DES GRAVANCHES

par Jean BLOCARD

— Vive le Bloc !

Vive le Bloc ! A bas la calotte ! Moi, Jean Blocard le frangin, demeurant au quartier de St-Alyre, père de trois petits blocards, j'ai jamais caché mes sentiments, nom d'un pétard !

Mais, faut que je vous conte l'aventure qui vient de m'arriver et où j'ai été roulé comme un lapin ; seulement, foi de blocard, on ne m'y r'pincera plus.

Donc, je suis pour le Bloc, pour les socios, contre la calotte ; y en a assez des bourgeois, des curés et des soutanes ; n'en faut plus. N'empêche que je gagne bon en fabriquant des pneus pour les aristos.

Mais à l'atelier on me connaît. Aussi, en arrivant un matin d'août, Onésime, qui est un bon zigue, m'appela et me dit : « T'as vu le journal. On fait un grand banquet pour le Père Combes. — Fais voir, que je dis. » C'était vrai, en effet, un banquet épatant, 3 francs par tête ; qu'on serait des milliers ; et un comité chic. D'abord ce brave Marrou, l'ami de l'ouvrier ; il a bien fait bâtir un château sur la route de Beaumont, mais ça fait rien, c'est un frère.

Il y avait aussi Guichard, qui gagne comme un député et qu'a pas d'élève, mais un frère quand même. Et puis Paul, le brave Popol, de Montferrand, qui gagne beaucoup d'argent avec ses liqueurs ; et puis Claussat, qui aime pas les généraux et veut

— Des soutanes, n'en faut plus.

être député à Thiers ; et puis Collier, qu'a des millions gagnés quand il était réactionnaire à Roanne et qui peut pas être maire de Chamalières ; tous des frères, des amis, des frangins comme moi.

Et puis il y avait aussi des trésoriers soignés, des bibis gentils ; le beau Peyrol, qui faisait jadis la procession déguisé en pape ; le typo Leclerc qu'a voulu devenir patron ; les copains Coutant et Quinet qui chantent l'*Internationale* comme moi ; et le le camarade Gaillat. Enfin, vrai, c'était un bouquet que ce comité.

Quand j'ai su tout ça j'ai crié : A bas la calotte ! que ça en a fait loucher le contre-maître.

Et, le soir en arrivant à la maisonnée, j'ai attrappé la bourgeoise ; pas commode la bourgeoise, regardez plutôt sa binette : « — Hé, la bourgeoise, tu me nettoieras ma belle redingote ; je vais au banquet.

« — Au banquet !! A quel banquet ?

« — Au banquet de l'ami Marrou pour le petit père Combes ; ça coûte que 3 fr. et ce sera épatant.

« — Trois francs ; t'as pas honte ; je dois trois semaines au boulanger et notre petit Jules aurait besoin d'huile de foie de morue.

« — Tu m'embêtes ; c'est ton ratichon qui t'a dit de m'empêcher d'aller au banquet.

« — Non ; mais je veux pas que tu y ailles.

« — Ah ! tu veux pas ; attends. » Et v'lan, je lui flanque un pain. — J'aurais mieux fait de le garder pour les Gravanches.

Voilà-t-il pas qu'elle se met à pleurnicher !! Alors, comme je suis pas un méchant bougre, je lui promets de pas y aller.

Mais ça me trottait ; des camarades avaient pris des cartes. Tous les matins le journal annonçait que ça serait beau ; un menu soigné ; cinq mille républicains, des vrais, des purs.

En ville on avait posé de grandes affiches pour annoncer le banquet, l'arrivée du petit père Combes. Et il fallait voir la tête des bourgeois en lisant ces affiches !! C'était rigolo...

— Il fallait voir la tête des bourgeois !

Le dernier samedi de septembre, ma paye dans ma poche, je file au Comité, 29, place de Jaude, un bon coin. Juste, presque tout le Comité y était. Il y avait Marrou, Paul, Peyrol, Claussat ; tous les bons, quoi. J'entre.

« — Hé ! bonjour, Blocard ; on disait que tu viendrais pas.

« — Moi, pas venir avec le Bloc ! Ah, ah ! J'espère qu'on criera : A bas la calotte !

« — Tant qu'on voudra. Çassera sur les murs, me dit Marrou.

« — Bon, bon ; ça va. Je veux une carte. C'est 3 fr., je crois.

« — Oui, 3 francs, me dit Peyrol. Mais tu comprends, Blocard, il y aura des frais, beaucoup de frais. Ça coûte cher de mettre sur les murs : A bas la calotte ! Alors, aux bons, aux vrais amis comme toi, nous demandons cent sous.

« — Cent sous, bigre ; la bourgeoise ne sera pas contente.

« — La bourgeoise ! la bourgeoise ! Tu te laisses donc mener par ta femme. Parions qu'elle va à la messe !

« — A la messe ! Euh ; si je le savais... Elle me le dit pas... Mais, qu'est-ce qu'on mangera au banquet ?

— « Ça sera magnifique, me dit Paul ; c'est un ami, Bastide, qui en est chargé. Il y aura du jambon d'York fait avec des petits cochons qu'on engraisse exprès ; il y aura de la tête de veau, du gigot, du saumon, du fromage, du dessert, du raisin, du vin de Beaumont, du vin de Bordeaux des tas de bouteilles. Et puis de la musique : la musique militaire, les musiques de Royat, d'Aubière, de Monton, etc., etc.

« — On pourra chanter l'*Internationale ?*

« — Non, non, dit Marrou. Tu comprends, Blocard ; pas de bêtises. André s'en irait et les calotins seraient contents. Faut pas compromettre nos intérêts. Nous ferons une liste, l'année prochaine : tu en seras.

« — Mais il y aura des discours ? On dira leur fait à tous ces calotins.

« — Parbleu ; M. Combes prononcera un grand discours. Et puis notre ami Joly, le Préfet, qui parle si bien. Tu l'as entendu sur la Mutualité, les habitations à bon marché ! C'est un vrai moulin à paroles.

« — C'est bon, c'est bon ; puisque le Préfet parlera, voilà cent sous. »

Le Préfet qui parle si bien.

Et je m'en allai avec ma carte qu'était rouge comme mes opinions ; il y avait dessus le numéro 3104, et puis la signature de Peyrol et de Marrou. Quand je la montrais à mon bourgeois de proprio, il me dit que la signature de Marrou ressemblait à celle du P. du Lac ! Histoire de lui faire du tort. As-tu fini ?

En rentrant, je ne dis rien à la bourgeoise, mais toute la nuit je rêvais au banquet, à la tête de veau et aux trains spéciaux qui emportaient aux Gravanches des masses de victuailles. Vive le Bloc! A bas la calotte!

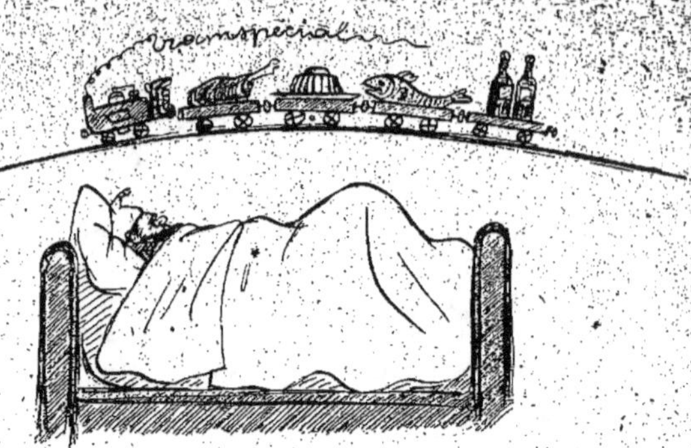

— Je rêvais aux trains spéciaux.

Le lendemain matin, j'avais tellement rêvé au banquet que je filais à l'atelier en oubliant mon petit noir. Mais c'est pas tout; on peut pas aller à un banquet en bourgeron avec des ministres, des députés. On n'est qu'un prolo, mais on a sa dignité. Et ma redingote qu'est toute déchirée depuis la noce au cousin Arthur!...

J'ai rien dit à la bourgeoise. Je suis allé chez le tailleur. Il me fait une redingote chouette pour 54 francs. Je serai presque aussi beau que Marrou. Et après tout, pourquoi pas? Il veut être maire; c'est son droit, mais je peux bien être habillé comme un bourgeois pour aller dîner avec M. Combes. Donc, une redingote, 54 fr.; un chapeau, 3 fr. 60; une paire de bottines, 13 fr. 50, et la carte cent sous. Total: 76 fr. 10... Hum, c'est cher... Plus 2 francs pour aller me faire arracher une mauvaise dent. Pouvais pas aller au banquet avec des dents malades; faut manger. En tout: 78 fr. 10... Que dira la bourgeoise? Après tout, ça la regarde pas. Vive le Bloc! A bas la calotte!

V'là le grand jour! C'est ce soir qu'arrivent les ministres. J'ai demandé la permission au contre-maître. Il m'a répondu que le travail pressait parce que ça marche le pneu. Çà doit être un calotin ce contre-maître... J'y file quand même.

4 heures. Un coup de sifflet; zim, boum; poum, poum! Coups de canon, musique. V'la le père Combes. Il n'est pas grand. Vive Combes! A bas la calotte! Un gendarme me repousse. — « As-tu fini, espèce de grand sabre! » — Gentils, les chasseurs; mais leurs officiers ont l'air aristo. Et je me défile derrière les voitures. Vive Combes! A bas la calotte!

Rue Montlosier. Ah ça, qu'est-ce que c'est? Vive la liberté! Vive la liberté! Psss...! Psss...! On siffle. Si c'est Dieu possible. — « Voulez-vous vous taire, tas de calotins. — La ferme, sale blocard, qu'on me répond. » — Et toujours : Psss... ! Psss... ! Vive la liberté ! Mais il y a donc pas d'agents. — « Hé là-bas, les agents, coffrez donc cette gosse qui siffle. » — Vive le Bloc ! A bas la cal.... — Ouf, il fait soif ; il y a vraiment trop de calotins par là. Le petit père sera pas content.

Dimanche matin, 9 heures. C'est beau ce matin la place de Jaude. Y en a-t-il, y en a-t-il des républicains et des vrais, avec la cocarde rouge à la boutonnière. Pourquoi donc qu'on n'a pas mis une cocarde aussi à Vercingétorix ? Il paraît se fiche de nous ce grand traîneur de sabre. Suffit, on le déboulonnera pour y mettre la statue du petit père.

– Chouette, tous ces beaux Messieurs.

Mais tout va bien. On crie : Vive le Bloc ! A bas la calotte ! V'là le cortège ; chouette, tous ces beaux Messieurs ; regardez un peu ; on chante ; on bavarde. Qu'est-ce que c'est que ce petit vieux qui parle d'armée nationale, d'indépendance. Çà va-t-il finir ; je commence à avoir faim. Et la tête de veau qui nous attend aux Gravanches. Paraît qu'il y en a 400, avec 500 gigots, 800 jambons ! Et des milliers de bouteilles. Epatant, épatant ! Ce qu'on va s'en payer !

11 heures. C'est fini. La procession s'ébranle. Marrou est superbe. Vraiment il est mieux que le maire. Il salue M. Combes avec autant d'aisance que s'il était ministre. Vive Marrou ! Vive le Bloc ! Si on chantait l'*Internationale* ? — « La ferme » me crie le voisin. Pourtant une procession sans cantique, c'est drôle. Enfin....

A la gare, en attendant le second train : — « Onésime, tu viens prendre un picon. — C'est pas de refus. — Tu sais ça va être superbe. On m'a dit çà au comité. Ils ont 5.000 fr. de la ville, 3.000 du conseil général. En tout près de 25.000 fr. Pour 3 fr. nous aurons un banquet de 6 fr. On restera à table jusqu'à 5 heures. Ce sont ces calotins qui en font un nez !! Et puis les restes seront pour les pauvres. »

Aux Gravanches. — « Mais ouvrez donc, ouvrez donc ? Pourquoi qu'il ouvre pas ce wagon ! Quelque tour des cléricaux. — Passez par la portière » — Ouf, çà y est ; mais c'est pas commode. V'là ma belle redingote déchirée. C'est la bourgeoise qui va crier.

Enfin, nous voilà : table n° 10. Bon.

Mais que c'est beau. Y en a-t-il des assiettes, et des verres, et des bouteilles ! Et des inscriptions : « A bas la calotte ! Vive Combes ! Vive la République laïque ! » Çà du moins, c'est la vraie République. Cette fois je regrette pas mes cent sous. Mais je vois pas la tête de veau. Elle est sans doute à la cuisine.

Voici les ministres. Bravo ! Vive Combes ! A bas la calotte ! « Allons, enfants de la. . . . . » Non pas çà, c'est nationaliste : l'*Internationale* : « C'est la lutte finale... » — Bravo ! Vive Combes ! A bas la calotte !

Et maintenant à table. J'ai rudement faim. Rien mangé depuis hier soir ; il est 1 heure 1/2 et j'ai bien crié 500 fois : Vive Combes ! Ça creuse.

Quel est le farceur qui m'a caché mon petit pain ? « — Hé là-bas, vous m'avez pris mon petit pain ?

« — Personne t'a pris ton petit pain ; nous non plus, nous n'avons pas de petit pain.

« — Garçon, garçon, où sont les petits pains ?

« — Ça me regarde pas ; f... moi la paix. Ce sont ceux du premier train qui ont pris les petits pains.

« — Allez nous en chercher d'autres.

« — Y en a plus.

« — Apportez-nous la tête de veau.

« — Veau toi-même. Y a pas de tête de veau.

« — Garçon, vous voulez vous payer ma tête. »

Tiens, mais c'est vrai ; sur le menu y a que la tête de M. Combes qui semble nous dire : « Viens, socio, viens caler le Bloc. . . » Y a pas de tête de veau. Chic tout de même le menu : *Jambon d'York*, *Pâté d'Auvergne*, *Saumon sauce verte*, *Gigot cresson*, *Fromage*, *Dessert*, etc. On dîne pas mieux à l'Elysée.

« — Garçon, garçon ; eh bien, et le jambon.

« — Y en a plus.

« — Du pâté, alors.

« — Il est mangé.

« — Du saumon sauce verte, ce doit être bon, ça ; j'en ai jamais mangé.

« — Le saumon ; il est allé à Jaude voir Vercingétorix...

« — Garçon, tu te moques de moi ; tu n'es pas du Bloc !

« — Je suis de Saint-Bonnet et je suis pas garçon. Je suis venu parce que Clémentel m'a dit que les tabatières voulaient pas servir des museaux comme le tien. Elles avaient bien raison... Voilà mon tablier ; mange ton assiette, si tu veux. »

Et il me flanqua sa serviette à la figure. Il ne devait pas être du bon Bloc.

— Il est allé à Jaude...

— Le malheureux cuisinier ...

Mais tout de même, rien ne venait ; pas de jambon, pas de pâté, pas de gigot. On commence à crier, à taper. Je veux calmer les amis. On me crie : « Ferme, ferme ! » Je cours à la cuisine...

Ah ! mes frangins, quel spectacle. Un champ de bataille ! Quel gâchis ! Quel désordre ! J'en fus tout débloqué ! On se battait autour des gigots ; on s'arrachait les panières de fromages ; on s'écrasait sur le raisin. Le malheureux cuisinier regardait ce spectacle d'un air navré. Un malin chipe trois gigots et se sauve ; mais v'là tout le monde qui court après, tout comme des chiens après un os ; un croc-en-jambes ; patatras par terre avec ses gigots !

On crie ; on hurle : « J'ai faim ! A manger ! » Ça me navre. Au moins Combes, le petit père, a-t-il du gigot ?... Pas de gigot à la table d'honneur !! Ministres, préfets, sénateurs, députés, bâillent sur leurs assiettes vides !... Le pauvre Chambige, les mains dans ses poches, a l'air aussi désolé que le cuisinier...

Ce pauvre Chambige...

Mais, qu'est-ce que j'aperçois, fendant la foule, soulevant un plat de ses mains viriles? C'est un préfet, un sous-préfet? Non; c'est Do-Scié, notre brave commissaire de police, un père pour les socios. Il court, vole, défendant son butin contre les mâchoires qui s'allongent tout comme des mâchoires de crocodilles. Il touche au but; il va tomber; non, il y est et, délicatement, dépose le gigot devant M. Combes. Il a l'air content le petit père. Il tient le plat; il le lâchera pas.

— A manger!

— Notre brave commissaire.

Mais ça se gâte. Aux autres tables, on crie: « Et nous! Et nous! A manger! » Les bourgeois sont les plus enragés. V'là un docteur qui montre une pièce de 40 sous aux garçons: « Garçons, quarante sous à qui m'apporte un tout petit morceau de fromage! » Et cet autre grand qu'a une cravate rouge autour du cou, que c'est comme un ministre de l'instruction publique, paraît-il ; il criait : « Une bourse de licence à qui m'apportera un morceau de gigot ! » Et ce préfet qu'avait une tête de calotin : « Un bureau de tabac pour une tranche de pâté ! » Dirait-on pas tous ces bourgeois ; ils sont habitués à bien manger ; on n'aurait pas dû les inviter. »

— Crions tous : À bas la calotte.

Mais je vois ce pauvre Marrou qui se désole ; y s'arrache les cheveux. Je cours ; « Blocard, qu'y me dit, va là-bas, monte sur une chaise et dis-leur de crier : A bas la calotte ! Ça les calmera. »

C'est ça ; chouette idée. Je grimpe sur le banc : « Citoyens, camarades, mes amis, mes bons amis, nous ne sommes pas venus pour manger, mais pour manifester. Crions tous : A bas la calotte ! »

Ah ! là là ! Ah ! là là ! J'avais pas fini que, v'lan, dans l'œil, un manche à gigot. Et puis, on me cogne ; on me crie : « La ferme ! — T'as dîné, toi. — T'es du comité, bouffe-galette ! — Rends-moi mon argent ! — A bas la casserole ! »

Et alors la danse commence. Clic, clac ; pif, paf ; v'lan, v'lon ! La vaisselle saute ; les bouteilles volent ; c'est un vacarme épouvantable. En même temps, on se défile. Je cours après eux : « Mais, restez, restez. Combes va parler. — Tu nous em… Combes aussi. Nous allons manger. » A la cuisine, les cuisiniers sont navrés. Rien à servir ; rien à manger. C'est dur. Tout de même, si, à moi aussi, on avait posé un lapin ? Gredin de Marrou, va ! Si je croyais !… Trois heures ; j'ai rien mangé depuis hier. Tout le monde s'en va ; il ne reste que des culs de bouteilles et des débris d'assiettes. Pas la moindre croûte. Combes va parler. Ah ! zut alors ; je suis refait. L'ami Coco, d'Issoire, est, lui aussi, furieux : « C'est bon de

— La vaisselle saute

manger du curé quand on a bien dîné ; mais quand on n'a rien dans le ventre !... » Et il s'esbine. Il a raison, Coco. Mais on parle quand même, sans rien entendre. Le gros Joly avait préparé son moulin à paroles ; il aurait mieux fait de faire préparer du jambon. Mais il mange bien chez lui, avec ses 40,000 balles !

On n'entend rien.. Les serveurs font un potin ! Ils entourent Clémentel : « — C'est vous qui nous avez fait venir, faut nous payer. » — Alors Clémentel sort son portefeuille et leur donne 200 fr. Bravo ! v'là un ami du peuple... — Zut, le lendemain j'ai appris qu'il avait réclamé ses 200 fr. au comité. Encore un farceur.

Alors, je file. A la porte, les artilleurs et les gendarmes se gondolent. C'est que nous en avons un nez !! Les beaux messieurs de ce matin font une tête !!

— Les beaux Messieurs de ce matin.

Me v'là à Montferrand. Justement, c'est l'ami Eugène : « T'as bien dîné, Blocard ? — Très bien, très bien.. — Tu payes un verre ? — Pas le temps. » — Pensez bien que je vais pas m'arrêter à Montferrand. Du reste, épiciers, charcutiers, tout est déjà nettoyé.

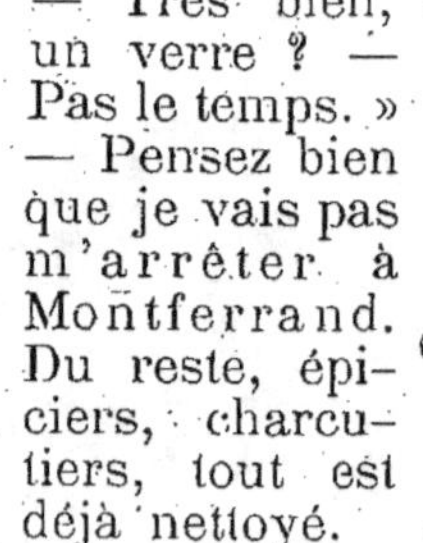

En sortant des Gravanches, tous les affamés ont pris la course vers le premier restaurant qu'ils ont rencontré. A Montferrand, dans le quartier de la gare, on ne trouverait plus un rond de saucisson.

Mieux vaut aller tout droit à la maison. Je boulotterai sans qu'on le sache..... Mais, quelle guigne ; la bourgeoise est partie avec la clef : « Hé ! la voisine, vous avez pas vu la bourgeoise ? — Si, al est partie à une heure avec les éfants ; al a dit que vous n'auriez pas besoin de minger ce soir... C'était biau ! — Ah ! oui, c'était beau. — Vous avez bin dîné ? — Oui, oui. — Vous avez l'air fatigué, monsieur Blocard. Vous n'avez b'soin de rien ? — Non, merci. C'est que, voyez-vous, j'ai bien manifesté pour notre République. Alors, vous comprenez, le plaisir, la foule, ça donne la migraine.... Et puis, j'ai peut-être un peu trop mangé.... »

Cré non ! Faut encore paraître avoir bien dîné ; on se moquerait trop tout de même, si on savait que, à cause du Bloc, j'ai l'estomac creux depuis vingt-quatre heures. Si encore, j'avais quelques ronds pour aller boulotter ! Mais, en sautant par la portière, j'ai tout perdu ou on m'a refait...

. . . .

Lundi matin. Cette fois, c'est fini. Foi de Blocard, on m'y repincera plus. J'ai pas rêvé au train spécial, cette nuit, mais au lapin, au colossal lapin que nous a posé la bande à Marrou, Panem, Houpin et Cie. C'est la bourgeoise qui s'est payé ma tête hier soir, quand elle m'a trouvé à la porte. Elle savait tout. Paraît qu'on rigolait en ville ; on se f... de nous. Puis, pendant ce temps, les gros bonnets du comité gueuletonnaient à la Loge. Ah, malheur !... Heureusement pour moi que la bourgeoise avait gardé des provisions et vous pensez si je me suis mis à table avec appétit. J'ai boulotté, j'ai boulotté !

Le plus dur c'était pour rentrer à l'atelier. Ils se sont payés ma fiole, les camaros : « T'as bien dîné, Blocard ? — T'as mangé du jambon ?

— J'ai boulotté !

[illegible] de [illegible]

[illegible] le parti. Jamais on n'a [illegible]. Aussi j'y suis allé [illegible] et j'en ai fait un bazar : « Tas de propres à rien ! Tas de fumistes ! Vous êtes tous des bouffe-galette ! Vous ne cherchez qu'à exploiter le pauvre prolo. Vous voulez des places, des p[illegible] [illegible]ans pour vivre sans rien faire. Jamais un vrai frangin n'[illegible] [illegible]ça. Vous promettez les restes aux pauvres et vous ne le[illegible] laissez que des culs de bouteille. C'est ça votre politique ! [illegible] [illegible]sez. A bas le Bloc ! »

Et je suis parti. La bourgeoise qui est maline, sans en av[oir] l'air, est allé trouver le proprio, un bon bougre, qui est allé voi[r] le patron, un brave type, et je reste à l'usine. Bougerai plus maintenant. Si Combes revient entendra mon sifflet : Psss, Psss ! Il aura pas encore l'écharpe, Marrou ! A bas le Blo[c] qui fait pleurer les femmes et pipe l'argent du pov' monde. A bas le Bloc, nom d'un pétard !

A bas le Bloc des fumistes !

Et vive la République des travailleurs !

Et je signe cette fois :

JEAN DE-BLOCARD,
toujours frangin.

I

[illegible] grand banquet démocrasseux
[illegible] l'ars[illegible] des Gravanches
P[illegible] entendre des mots cr..., fameux
[illegible]s allé l'autr' dimanche.
C'était épatant,
Mieux qu'à Montferrand,
Le jour de la rosière.
C'était merveilleux,
Inouï, fabuleux,
Des députés, des maires !

II

Nous étions quatre mill' blocards,
D'un appétit féroce,
Prêts à manger tous les frocards
A n'importe quell' sauce.
Moi j'm'étais purgé,
J'avais rien mangé
De toute la semaine.
Je m'disais : Bon sang !
J'veux pour mes trois francs
Me remplir la bedaine !

III

Y avait un public épatant,
Armée, magistrature,
Marrou avec un gilet blanc,
L'préfet avec sa bonne figure.
Y avait des habits,
Des souliers vernis,
Des brassards, des bicornes,
Des drapeaux partout ;
On criait beaucoup,
C'était un' joie sans bornes.

IV

Tout l'mond' s'assit avec entrain,
Devant ses trois assiettes,
On avait chacun son p'tit pain
Roulé dans sa serviette.
Un menu choisi
Nous était promis
A s'lécher les babines ;
Pâté froid, jambon,
Gigot et saumon,
Et chacun sa chopine.

V

Mais bon sang d'bon sang, ça n'a pas marché,
Y avait pas d'boustifaille,
Y avait qu' le p'tit pain et l'vin bon marché
Pour s'arrondir la taille.
Y a pas eu d'jambon,
Y a pas eu d'saumon ;
L'commissair' de police,
Agil' comme un rat,
F'sait passer un plat
De morue au réglisse.

VI

Ensuite on fit des grands discours,
L'Préfet, Marrou et Combes,
Comm' dessert c'était un peu lourd
Si on n'a pas fait la bombe.
J'ai fichu mon camp
En m'serrant d'un cran
Et en chipant ma serviette,
Pendant qu'mon jug' de paix
Et mon mair' criaient
Et cassaient les assiettes.

VII

J'ai pas dîné, mais ça n'fait rien,
C'est pour la République ;
Quand on est démocrat' faut bien
Se distinguer d'la clique.
Tout l'jour j'ai crié :
A bas les curés
Et viv' monsieur Chambige !
Mais c'est bien fini,
J'veux êtr' circoncis
Si jamais on m'y r'pige !

Qui donne ses Trois francs ?

Sur l'air : *Qui veut des plumes de paon.*

Refrain :
Zizi pan pan,
Qui donne ses trois francs ?

I

Un beau jour de dimanche,
Sociaux et francs-maçons,
Ah ! ah !
Ah ! ah !
Sociaux et francs-maçons
Se rendirent aux Gravanches
Pour manger le saucisson
Ah ! ah !
Ah ! ah !
Pour manger le saucisson.
On s'engouffre comme un'trombe
Du fin fonds des faubourgs,
Car ce jour-là l'pèr'Combe
D'vait y aller d'un discours.
Zizi pan pan,
Qui donne ses trois francs.

II

Quoiqu'y n'y eut sur la table,
Pouvait-on s'en méfier ?
Ah ! ah !
Ah ! ah !
Pouvait-on s'en méfier ?
Que des caraf's d'eau potable
Pour s'humecter le gosier,
Ah ! ah !
Ah ! ah !
Pour s'humecter l'gosier,
L'cri d'à bas la calotte
Est poussé par chacun
N'y a rien qui ravigote
Autant qu'un homme à j'eûn.
Zi-zi pan pan,
Qui donne ses trois francs

III

Ainsi que ma sœur Anne,
Ne voyant rien venir,
Ah ! ah !
Ah ! ah !
Ne voyant rien venir,
On conspu'la soutane
Çà fait toujours plaisir ;
Ah ! ah !
Ah ! ah !
Çà fait toujours plaisir.
Devant cett'ritournelle
L'pèr'Combe est atterré ;
Ben ! je l'ai échappé belle
Moi qui voulais m'fair'curé !
Zi zi, etc.

IV

Cependant la faim talonne ;
L'nez de nos francs-maçons
Ah ! ah !
Ah ! ah !
L'nez de nos francs-maçons
S est allongé d'une aune,
On engueul'les garçons.
Ah ! ah !
Ah ! ah !
On engueul'les garçons.
On regard'pour se distraire,
Boullotant du roti,
Le Préfet et le Maire
Manger de bon appétit.
Zi zi, etc.

V

Se sentant défaillir
Faut'd'une tranche de gigot
Ah ! ah !
Ah ! ah !
Faut'd'une tranche de gigot,
Quelqu'un s'prit à gémir :
Espéce de saligots !
Ah ! ah !
Ah ! ah !
Espèce de saligots !
Moi, dit un autre frère,
Le moindre bœuf au roux
F'rait bien mieux mon affaire
Qu'un discours de Marrou.
Zi zi, etc.

VI

Quand on eut l'assurance
Que ça s'rait toujours comm'ça
Ah ! ah !
Ah ! ah !
Que ça s'rait toujours comm'ça
L'désespoir fut immense
Et le chambard commença,
Ah ! ah !
Ah ! ah !
Et le chambard commença.
Combes dressait les oreilles.
Mais en moins d'un moment,
Assiettes et bouteilles
Gisaient piteusement.
Zi zi, etc.

VII

Au milieu de la tempête,
Sans un toast à Loubet ;
Ah ! ah !
Ah ! ah !
Sans un toast à Loubet ;
Ainsi finit la fête
Et le fameux banquet.
Ah ! ah !
Ah ! ah !
Et le fameux banquet.
A pied ou en voiture,
Le ventre en désarroi,
On boucla sa ceinture
Et l'on rentra chez soi.
Zi zi, etc.

VIII

Quand mêm'toujours quelqu'poire
Criera : A bas le froc !
Ah ! ah !
Ah ! ah !
Criera : A bas le froc.
N'empêch'que cette histoire
Quoiqu'en dise le bloc,
Ah ! ah !
Ah ! ah !
Quoiqu'en dise le bloc,
Nous apprend qu'c'est un leurre
De croire qu'il y aura
Quatr'mille assiette'au beurre.
Ça n'est pas vrai, fouchtra !
Zi zi, etc.

AU LAPIN BLOCARD

MARROU, PANEM, HOUPIN and C°

LIMITED

Office central : Château de Beaumont
Succursale : Rue Gaultier-de-Biauzat
Secrétariat général : Rue Barbançon
Trésorier-payeur : Rue de la Lune

SPÉCIALITÉ DE GRANDES MANIFESTATIONS POLITIQUES
et à jeûn

MENUS INFAILLIBLES CONTRE LES INDIGESTION

NOMBREUSES RECETTES CULINAIRES

Recommandé spécialement : *Le Lapin sauté sauce Marrou le Jambon d'York en fuite ; la vieille merluche sauce Pa* (remplace avantageusement le saumon) ; *la tête de veau minis térielle en peinture ; le gigot du commissaire ; le fromag disparu ; le petit pain avalé ; les desserts envolés genre Panem*

L'entremets « FOUR NOIR » est réservé aux dîner ministériels.

Grand choix de préfets, sous-préfets et commissaires police pour le service.

A la fin de chaque banquet danse originale : Cak Walk des ventres creux accompagné par l'orchest tzigane des Beni-Bouff-Galette.

La Belle Fathma-Joly, première ballerine de l'Acadé chorégraphique et préfectorale, exécutera le grand écart s la corde raide des principes élastiques.

Imprimerie Moderne, 15, rue du Port, Clermont-Ferrand.

www.ingramcontent.com/pod-product-compliance
Lightning Source LLC
LaVergne TN
LVHW020455230826

846091LV00008BA/3217
* 9 7 8 2 0 1 9 2 3 0 6 3 0 *